Reader Leve
Level Two

Unique Charac
450

C000069830

照片的案子

Zhàopiàn de Ànzi

Sherlock Holmes and a Scandal in Shanghai

Arthur Conan Doyle

Mandarin Companion

Chinese Graded Readers

Published by Mind Spark Press LLC Shanghai, China

Mandarin Companion is a trademark of Mind Spark Press LLC.

Copyright © Mind Spark Press LLC, 2022

For information about educational or bulk purchases, please contact Mind Spark Press at BUSINESS@MANDARINCOMPANION.COM.

Instructor and learner resources and traditional Chinese editions of the Mandarin Companion series are available at WWW.MANDARINCOMPANION.COM.

First paperback print edition 2022

Library of Congress Cataloging-in-Publication Data Sherlock Holmes and a Scandal in Shanghai: Mandarin Companion Graded Readers: Level 2 , Simplified Chinese Edition / Arthur Conan Doyle; [edited by] John Pasden, Ma Lihua, Li Jiong Shanghai, China: Mind Spark Press LLC, 2022 Library of Congress Control Number: 2022939881

ISBN: 9781941875728 (Paperback)
ISBN: 9781941875735 (Paperback/traditional ch)
ISBN: 9781941875742 (ebook)
ISBN: 9781941875759 (ebook/traditional ch)

MCID: TFH20220927T104207

What Graded Readers can do for you

Welcome to Mandarin Companion!

We've worked hard to create enjoyable stories that can help you build confidence and competence and get better at Chinese–at the right level for you.

Our graded readers have controlled and simplified language that allows you to bring together the language you've learned so far and absorb how words work naturally together. Research suggests that learners need to "encounter" a word 10-30 times before truly learning it. Graded readers provide the repetition that you need to develop fluency NOW at your level.

In the next section, you can take an assessment and discover if this is the right level for you. We also explain how it won't just improve your Chinese skills but will have a wide range of benefits, from better test scores to increased confidence.

We hope you enjoy our books, and best of luck with your studies.

Jared and John

Frequently Asked Questions

Do you have versions with pinyin over the characters?

No. Although this method is common for native Chinese learners, research and experience show it distracts a second language learner and slows down their ability to learn the characters. If you require pinyin to read most of the characters at this level, you should read something easier.

Is there an English translation of the story?

No. Research and experience show that an English translation will slow down the development of your Chinese language learning skills.

Is this the right level for me?

Let's find out. Open to a story page with characters and start reading. Keep track of the number of characters you *don't* know but don't count any key words you don't know. If there are more than 8 unknown characters on that page, you may want to consider reading our books at a lower level. If the unknown characters are fewer than 8, then this book is likely at your level! If you find that you know all the characters, you may be ready for a higher level. However, even if you know all the characters but are reading slowly, you should consider building reading speed before moving up a level.

How do you decide which characters to include at each level?

Each level includes a core set of characters based on our extensive analysis of the most common characters and words taught to and used by those learning Chinese as a second language. All books at each level are based on the same core set and they can be read in any order.

What to expect in a Level 2 book?

It's important that you read at the level that is right for you. Check out the next page to learn more about Extensive Reading and how we use that in graded readers to support the learning of Chinese by just enjoying a good story.

Books in our Level 2 like this one:

- Include a core set of 450 Chinese words and characters learners are most likely to know.
- Are about 15,000 characters in length
- Use level appropriate grammar
- Include pinyin and a translation of words and characters you are not

expected to know at this level
- Include a glossary at the back of book
- Include proper nouns that are underlined

What is Extensive Reading?

It will improve test scores, your reading speed and comprehension, speaking, listening and writing skills. You'll pick up grammar naturally, you'll begin understanding in Chinese, your confidence will improve, and you'll enjoy learning the language.

Graded Readers are based on science that is backed by mountains of research and proven by learners all over the world. They are founded on the theories of Extensive Reading and Comprehensible Input.

Extensive Reading is reading at a level where you can understand almost all of what you are reading (ideally 98%) at a comfortable speed, as opposed to stumbling through dense paragraphs word by word.

When you read extensively, you'll understand most of the words and find yourself fully engaged with the story.

Reading at 98% comprehension is the sweet spot to max out your learning gains. You do still learn at the Intensive Reading level (90–98%), but the closer you are to the Extensive level, the faster your progress.

No one should be reading below a 90% comprehension level.

It's called Reading Pain for a reason. You spend so much time in a dictionary and after 30 painful minutes on ONE paragraph, you're not even sure what you've just read!

If you want to know more, check out our website
www.mandarincompanion.com

Table of Contents

Story Notes

In Sir Aurthur Conan Doyle's 1891 original version of *A Scandal in Bohemia*, the heir to the throne of Bohemia seeks the services of Sherlock to retrieve a picture of himself with a former romantic partner and renowned opera performer, the discovery of which would prove scandalous in his ascendency to the throne. This was an exciting story to adapt to 1920's Shanghai since we were able to identify a number of real historical figures to play the roles in our story.

During this period Shanghai was known as "The Paris of the East, the New York of the West." Although still in its infancy, Chinese cinema was concentrated in Shanghai at that time. 胡蝶 (Hú Dié) was China's first big movie star and voted as China's first "Movie Queen." In English, she was known as Butterfly Wu, her Chinese name 胡蝶 (Hú Dié) a play on words with 蝴蝶 (húdié) or "butterfly." Her husband was 潘有聲 (Pān Yǒushēng), although in real life the two were married some time after the dates in this book.

While the character Mark in our story is fictional, his uncle Stirling Fessenden is not. Fessenden was an American lawyer and a major figure of the Shanghai Municipal Council, the governing organization of Shanghai's international settlements, for 26 years until 1939. Nicknamed "Lord Mayor of Shanghai" or "Fessy," he held considerable power in Shanghai during his time.

Although we attempted to be as historically accurate as possible it is important to note that this is still a fictional story and artistic license has been used. For those interested, you are invited to learn more about these fascinating historical figures and time periods.

Character Adaptations

The following is a list of the characters from this Chinese story followed by their corresponding English names from Arthur Conan Doyle's original story. The names below are not translations; they are new Chinese names used for the Chinese versions of the original characters. Think of them as all-new characters in a Chinese story.

高明 (Gāo Míng) – Sherlock Holmes
趙亮 (Zhào Liàng) – Watson
馬克 (Mǎkè) – Grand Duke of Cassel-Felstein
胡蝶 (Hú Dié) – Irene Adler
潘有聲 (Pān Yǒushēng) – Godfrey Norton
馬克的叔叔 (Mǎkè de shūshu) – Stirling Fessenden

Cast of Characters

高明
(Gāo Míng)

趙亮
(Zhào Liàng)

馬克
(Mǎkè)

胡蝶
(Hú Dié)

潘有聲
(Pān Yǒushēng)

馬克的叔叔
(Mǎkè de shūshu)

黃太太
(Huáng Tàitai)

胡蝶的阿姨
(Hú Dié de āyí)

RUSSIA

● Urumqi

Locations

上海 (Shànghǎi)

Known as "The Paris of the East, the New York of the West," early 1900's Shanghai was a bustling center of commerce and western influence in pre-modern China. Today it is the center of business in modern-day China.

● Lhasa

MYANMAR

沒想到的客人

從捲髮公司的案子到現在，有很長時間了。
趙亮突然結婚了，不過結婚以後他很快樂，一直
在忙很多事情，很長時間沒有見到高明。不知道
他現在怎麼樣了，是不是還在做別的案子。趙
亮想去看看高明了。

這一天下午，趙亮吃了午飯就去看高明了。

趙亮很快就到了高明住的地方。這個地方還
是老樣子，和以前趙亮住在這裡的時候一樣，只
是現在房間有太多東西了，高明坐在這些東西

1	捲髮 (juǎnfà) *n.* curly hair		6	不過 (bùguò) *conj.* but
2	公司 (gōngsī) *n.* company		7	一直 (yīzhí) *adv.* all along
3	案子 (ànzi) *n.* case		8	老樣子 (lǎoyàngzi) *phrase* same as always
4	突然 (tūrán) *adv.* suddenly		9	房間 (fángjiān) *n.* room
5	結婚 (jiéhūn) *vo.* to get married		10	坐 (zuò) *v.* to sit

裡面，也不知道高明在想什麼。

高明看到了趙亮，他沒有起來，對著趙亮說："趙亮，你很習慣現在的生活啊。你胖了很¹¹多，吃這麼多東西不好。你走路到這裡，但你平時不走路上班吧？你穿的衣服比以前貴。明白¹²了，你換了新工作了。

---

11 胖 (pàng) *adj.* fat

12 衣服 (yīfu) *n.* clothing

趙亮看了看自己說:"有嗎?胖了嗎?只是最
近有一點忙。你怎麼知道這麼多?"

高明看了趙亮一眼說:"趙亮,你知道的。你
現在的樣子,已經告訴我了,而且我什麼都知
道。"

趙亮聲音大了起來說:"你又知道了!"

"看看你的衣服,你的包,進來時候的聲音,
以前你不是這樣的,你被女人改變了,趙亮。"高
明又說:"女人啊,總是讓人開心,而且也讓人
變胖。結婚讓你很開心啊,你太太的事情,要不
要我跟你說呢?"

趙亮笑了笑,突然對高明說:"多謝!但是
不用!我自己的太太,不用你告訴我。你啊,你
是世界上最聰明的人嗎?我想,什麼時候你見

---

13 最近 (zuìjìn) *adv.* recently
14 看……一眼 (kàn... yī yǎn) *phrase* to glance at…
15 告訴 (gàosu) *v.* to tell
16 聲音 (shēngyīn) *n.* sound, voice

17 包 (bāo) *n.* bag
18 改變 (gǎibiàn) *v.* to change
19 太太 (tàitai) *n.* wife (of)
20 聰明 (cōngming) *adj.* smart

到一個比你還聰明的女人，那我謝謝她。"
<u>20</u>

"比我聰明的人？那是不可能的。<u>更不用說</u>
<u>20</u>   21
女人。"高明說。

趙亮想到一個問題說："對了，<u>衣服</u>、<u>包</u>、<u>聲</u>
<u>12</u> <u>17</u>
<u>音</u>我明白，但是你怎麼知道我<u>太太</u>的事情？"
16   19

高明笑了："這是個好問題，我……"他還
沒有說完，他們兩個<u>突然</u>聽到<u>門口</u>有<u>聲音</u>，有
                              4   22   16
人在高明家<u>門口</u>。
         22

"誰啊？誰在外面？"樓下是<u>房東</u>黃<u>太太</u>的<u>聲</u>
                                  23   19
<u>音</u>，<u>聲音</u>很大。
16   16

沒有人說話。

黃<u>太太</u>走到<u>門口</u>打開了門，沒有看清楚這個
  19   22
人的樣子，這個人給了她<u>信</u>就走了。"你是誰？
                             24
有什麼事情啊？別走啊。"黃<u>太太</u>說。
                               19

---

21 更不用說 (gèng bùyòng shuō) *phrase* not to mention

22 門口 (ménkǒu) *n.* doorway

23 房東 (fángdōng) *n.* landlord

24 信 (xìn) *n.* letter

這時候黃太太看到信上寫著："給高明。"

黃太太一邊上樓一邊說："高先生，有人給你送了信。很奇怪，一個人給了這個信。也不知道要幹什麼。"

"他說是誰了嗎？"高明問。

"沒有，我也沒有看到他的樣子。但是不胖不瘦，挺高的。應該是男的，穿的都是黑色衣服，看不到他的臉。"黃太太說著已經走到了高明的房間，站在高明房間的門口說："給你，信。"

"謝謝。"高明說。

這時候黃太太看到了趙亮說："是小趙啊，你什麼時候來的？也沒有告訴我，你最近好……"黃太太的話還沒說完，高明一下子把房間的門關上了。

"你來看一下，看信上寫了什麼。"高明說。

---

25 奇怪 (qíguài) *adj.* strange
26 瘦 (shòu) *adj.* thin

27 挺 (tǐng) *adv.* quite

我們在上海，聽說了你很多事情。報紙
上也有上次捲髮公司的事情，你做得很
好。我們覺得可以相信你。

今天晚上，有人來你家。他會告訴你需
要做的事情。希望你能幫助他。如果你
看到了他，請不要覺得奇怪。

4 月 10 日 1927 年

趙亮看完了說："這信什麼意思啊？是有新
的案子嗎？還不說自己是誰。這個人很奇怪，這
是誰呢？"

高明也覺得有一點奇怪，他拿起信看了看，
然後對趙亮說："差不多明白了，這不是很容易
的事情嗎？"

---

28 報紙 (bàozhǐ) *n.* newspaper

29 相信 (xiāngxìn) *v.* to believe

30 需要 (xūyào) *v.* to need

31 希望 (xīwàng) *v., n.* to hope; hope

32 幫助 (bāngzhù) *v., n.* to help; help

33 差不多 (chàbuduō) *phrase* almost, about

34 容易 (róngyì) *adj.* easy

趙亮看了高明一眼，沒有說話。
14

"你再看看這個信，你就會知道了。"高明
24

說。

趙亮又看了看信，想了想說："這紙不錯，應
24   35

該說很好，這個人應該是一個很有錢的人。"

"還有嗎？"

"沒有了，不過我看信上面的字寫得也不好。"
6   24

趙亮對著高明說。

高明說："紙不錯，但是字寫得不好，寫的
35

是中文，他不想讓你看到他的樣子。這個人……

這應該是個會寫中文的外國人。"

"真奇怪，"趙亮說："那這個人是誰？這個
25

人要做什麼？"

高明看了看趙亮說："晚上我們就知道了。"

---

35 紙 (zhǐ) *n.* paper

Two

客人來了

晚上 9 點，有人在<u>房間</u>門口。趙亮打開門，看到了一個<u>穿著</u>黑色<u>衣服</u>的人。趙亮沒說話，他一<u>開始</u>不知道說什麼，因為這是一個外國人。

"進來吧，我們一<u>直</u>在<u>等</u>你"趙亮說。這個人很高，不<u>胖</u>不<u>瘦</u>，<u>穿著</u>黑色<u>衣服</u>，只能看到他一半的臉。

"<u>坐</u>。"高明看到了這個人說。

這個人看了看<u>房間</u>裡的兩個人，<u>坐</u>下了，沒有說話。

"我也很高興認識你，馬克。你不對我說'很

---

36 穿著 (chuānzhe) *v.* wearing　　**38** 等 (děng) *v.* to wait

37 開始 (kāishǐ) *v.* to start

高興認識你嗎?’”高明一邊看這個人一邊對他
說。

　　“我沒有說我的名字，你怎麼知道我是馬克
的?”馬克覺得很奇怪。
<u>25</u>

　　趙亮沒說話，看了看高明，又看了看坐下的
<u>10</u>
這個人，知道高明又要開始了。
<u>37</u>

　　高明沒有看趙亮，他拿著信，對著馬克很快
<u>24</u>
地說起來:“這紙太貴了，上海人不用這樣的紙，
<u>35</u>　　　　　　　　　　　　　　　　<u>35</u>
那麼你是一個有錢人。”

"時間寫的是'4月10日1927年'，你不覺得很奇怪嗎？我們中國人不是這樣寫時間的，如果他是法國人、英國人，也不會這樣寫時間，他們會寫'10日4月1927年'。只有美國人這樣寫時間。那麼你是一個有錢的美國人。"

"你的字寫得不好，但是在上海會說中文的美國人不多，會說還會寫中文的美國人就更少了。那麼，你是一個中文很好又有錢的美國人。這讓我想到了你的叔叔。在上海每個人都知道你的叔叔。我在報紙上看過你叔叔的家人也來上海了，他的家人是個會說中文的年輕人。送信的人不胖不瘦，但是你的叔叔，是個胖子。"

高明這時候停了一下說："所以，馬克，除了你，我想不出來第二個人。"

---

39 叔叔 (shūshu) *n.* uncle

40 年輕 (niánqīng) *adj.* youthful

41 停 (tíng) *v.* to stop

42 除了 (chúle) *cov.* except for; besides

"好吧。你真的很聰明，我覺得你應該願意幫我。"馬克說。

"我可以幫你，但是我先問你幾個問題。"高明看了馬克一眼："你在上海有幾個公司，為什麼不讓公司幫你？你的叔叔在上海是很重要的人，你為什麼不去找你的叔叔？他也可以幫你。"

"我的叔叔，我的公司都不能幫我，只有你能幫我，所以我決定來找你。"馬克聲音大了起來。

高明沒說話，趙亮看了看高明，又看了看馬克："為什麼只有高明能幫你？"

"我先和你們說，你們不要把這件事情告訴別人。"馬克對他們兩個說。

高明沒有說話，趙亮點了點頭。

馬克想了想，開始說："你們知道的，我喜歡

---

43 願意 (yuànyi) *aux.* to be willing (to do…)

44 決定 (juédìng) *v., n.* to decide; a decision

45 件 (jiàn) *mw.* [for cases]

中國，所以我來了中國。因為我小時候從叔叔
那裡聽了很多中國的故事，我很想來中國。我
從六歲就開始學習中文。幾年前，有一個機會，
我來到了上海，和我的叔叔生活在一起。然後
……"

"說重點。"高明說。

馬克又開始說了："我很喜歡中國的電影，來
了中國以後，在上海認識了很多朋友……"他看
了一眼又想說話的高明："高先生，我不說這個，
怎麼能告訴你發生了什麼？"

高明沒有說話，手放在後面，開始在房間
裡走來走去。

"因為電影我認識了胡蝶。當然，我們……"
"誰？胡蝶？"趙亮問。
"對，"馬克說。

---

46 故事 (gùshi) *n.* story   48 電影 (diànyǐng) *n.* movie
47 重點 (zhòngdiǎn) *n.* the point   49 發生 (fāshēng) *v.* to happen

"胡蝶？那個最近很火的電影演員？"趙亮突然大聲地問。

"對。兩年以前，我去看電影，看到了電影裡面的她，我覺得她很特別，我很想認識她。因為我的工作，我和她見面了。她和電影裡一樣漂亮，而且她也很聰明。一開始，她對我冷冰冰的。我用了很長時間，她才同意和我一起吃飯，我很開心……"

"女人，女人，又是女人！沒有意思。"高明說，"馬克，你的工作很多，你的話也很多，你說了很久了，說重點！"

趙亮看了高明一眼，對馬克說："沒事兒，馬克，後來呢？"

馬克說："後來，我們就在一起了。我們在一

---

50 很火 (hěn huǒ) *adj.* very popular

51 演員 (yǎnyuán) *n.* actor, actress

52 冷冰冰 (lěngbīngbīng) *adj.* cold and distant

53 同意 (tóngyì) *v.* to agree (to)

54 後來 (hòulái) *n.* afterward

起的時候我很快樂。我花了很多時間以後，我
們才在一起了。"

馬克說了很多他和胡蝶在一起的時候的事
情。上海有一家很有名的飯店，他說了叔叔的名
字才可以去這家飯店，他帶胡蝶去了，那天，天
很藍，飯店很熱鬧，他們吃得很開心。他帶胡蝶
去看海，下午五點的海真漂亮。胡蝶帶他去跳
舞，那時候他覺得自己一點都不聰明，最容易
的舞都不知道怎麼跳。還有，有一天是下雨天
……

馬克不說了，他看起來有一點難過，安靜了
一會兒，然後他對高明和趙亮說："我們在一起
了一年多。後來，發生了一些事情。然後，我們
兩個分手了。"

---

55 跳舞 (tiàowǔ) vo. to dance   58 安靜 (ānjìng) adj. quiet
56 看起來 (kàn qǐlai) vc. to look like   59 分手 (fēnshǒu) vo. to break up
57 難過 (nánguò) adj. upset

　　"你們為什麼<u>分手</u>了?"趙亮問。

₅₉

　　"因為我的<u>叔叔</u>在上海是一個很重要的人,

₃₉

我和胡蝶在一起會給<u>叔叔</u>帶來很大的<u>麻煩</u>。我

₃₉　　　　　　　　　　　　　　₆₀

不能和中國人<u>結婚</u>。"馬克說。

₅

　　"然後呢?"趙亮問。這時候的高明在<u>房間</u>

₉

走得越來越快了。

　　馬克說: "有一天, 胡蝶<u>突然</u><u>告訴</u>我, 她有

₄　₁₅

　麻煩 (máfan) *n., adj.* hassle, troublesome

一張我們兩個人的照片。是我們在一起的時候拍
的，但是我一點也不知道。這張照片如果被別
人知道了會很麻煩。還是因為我的叔叔。現在
他正在做的事情很重要，我不想讓我的叔叔
有這樣的麻煩。"

"有意思。"高明在房間裡不走了，坐了下來。

"胡蝶為什麼要告訴別人？她想要錢嗎？她告
訴別人，別人會相信她嗎？她要把照片賣掉嗎？"
趙亮不明白。

"我想給她錢。但是她不要。她也不給我這張
照片。她也沒有把照片賣掉。我覺得這張照片
是一個麻煩。高明，我想請你幫我拿到這張照
片。"馬克說。

這時候，高明看起來在想什麼，沒有說話。

馬克看了看高明，說："這件事情很重要。現

61　張 (zhāng) mw. [for flat things]　　63　拍 (pāi) v. to take (a photo)
62　照片 (zhàopiàn) n. photograph　　64　掉 (diào) v. to fall

在我聽說有人也想要這張照片, 但是大家都不知
道這張照片在哪裡。當然我以前試過去找這張
照片, 但是沒有找到。請你們幫忙, 不要讓我的叔
叔有這樣的麻煩。"

高明看著馬克說: "有意思, 一個女人, 她
只是一個電影演員, 讓你這麼麻煩。這個案子
有意思。我會幫你的。"

馬克聽到高明這樣說很高興。已經快 10 點
了, 他決定走了, 走到門口的時候又想起來了
說: "高先生, 你不要小看胡蝶, 她很聰明。還
有, 放心吧, 如果你們能幫我拿到照片, 我會給
你們很多錢的。"

趙亮很開心: "好。"

高明看著馬克下樓了, 然後看了趙亮一眼:

---

65 試 (shì) v. to try
66 幫忙 (bāngmáng) vo. to do a favor
67 想起來 (xiǎng qǐlai) vc. to recall

68 小看 (xiǎokàn) v. to underestimate
69 放心 (fàngxīn) vo. to relax

"小趙, 明天你方便嗎? 你來, 我們一起說這個案

子。"
3

"對了, 我不懂, 小趙, 你是怎麼知道胡蝶

的? 你是胡蝶的粉絲?" 高明又說。
70

趙亮看了高明一眼, 臉有一點紅:"我⋯⋯
14

我太太是胡蝶的粉絲。我走了。" 說完趙亮快點
19   70

走了。

---

70 粉絲 (fěnsī) *n.* a fan

Three

更多事情了

趙亮來的時候，高明不在家，黃太太給他開了門。

"高明呢?"

"不知道。我還想問你呢。他平時都很忙，也不知道他在做什麼。他那麼聰明，就不能跟我們說一下他要去哪兒，什麼時候回來?" 黃太太說。

趙亮沒說話。

"來，坐下喝茶。這種茶是朋友送我的，買不到的，很貴的，我很愛喝。" 黃太太一邊喝茶一邊說。

"好啊，謝謝黃太太。"趙亮說。

趙亮喝了一會兒茶，去樓上等高明了。趙亮等了一會兒。

"小趙，你知道我去做什麼了嗎?"高明回來了。

如果不是聽到了高明的聲音，趙亮不會看出來這個人是高明。因為高明穿的衣服和他以前的衣服不一樣，高明看起來很年輕，像一個學生。他手裡還有寫著胡蝶兩個字的白色的衣服。

"你穿得太奇怪了，衣服怎麼這麼髒? 你去胡蝶家了嗎?"趙亮問。

"是的，我去胡蝶家了，在她家門口有很多粉絲，每天很熱鬧。我穿這樣的衣服，他們覺得我也是一個粉絲。我在她家門口待了一會兒。"

---

71 看出來 (kànchūlai) *vc.* to be able to tell
(by looking)

高明洗了手，喝了一口水，聲音很大，聽起來
高明很開心："沒有什麼比去做她的粉絲更好的
了。我知道了很多有用的事情。"

"胡蝶家？粉絲？"趙亮一點也不明白，"拿照
片和做粉絲有什麼關係？我們應該想一想怎麼
樣才能去她家拿照片。"

"小趙，你要多想一想。"高明看著趙亮的眼
睛說。

"胡蝶是電影明星，每天都有很多粉絲在她
家門口。所以我說自己是她的粉絲才不會有人
覺得奇怪。我還和她的一個粉絲聊了聊。知道
了很多有用的事情。"高明說。

"也是，粉絲會知道很多胡蝶的事情。那你
快說說。"趙亮說。

高明一邊洗手一邊說："你不也是胡蝶的

---

72   聽起來 (tīng qǐlai) *vc.* to sound like

粉絲嗎？胡蝶的事情你不知道嗎？怎麼這麼開

心？"

"我再和你說一次，我太太是胡蝶的粉絲。

我最近看了胡蝶的很多電影，是因為我太太喜

歡看胡蝶的電影。我知道胡蝶的事情也是我太

太說的。"趙亮對高明說，"好了，不說這個了，

說說你在胡蝶家發現了什麼吧。"

"我到胡蝶家門口的時候，有很多人，他們還

大聲叫著'胡蝶！胡蝶！'我拿著寫著胡蝶名字

的衣服，一邊走也一邊叫'胡蝶'，真的有粉絲

和我說話了。這個粉絲說最近胡蝶很忙，在忙運

動會的一些事情，胡蝶不常常待在家裡。不過

今天在家。"

"不常常待在家裡？這不是好事嗎？我們正

好去拿照片。"趙亮說。

---

73 運動會 (yùndònghuì) *n.* sports meet

高明說：“我已經想好了怎麼拿照片, 但是需要胡蝶在家。那個粉絲還說了胡蝶明天下午會回來, 我們明天下午去拿照片。”

“對了, 後面還有更多的事情。”高明說。

“更多的事情？什麼事情？”趙亮問。

“我在和粉絲說話的時候, 看到有一個男人走進了胡蝶的家。我看這個男人和胡蝶有關係,聽粉絲說，這個人常常到她家玩。"

"你認識這個人嗎？是馬克嗎?"趙亮問。

"不是馬克，是一個中國人，他姓潘，叫潘有聲。粉絲告訴我的。"高明說。

"我知道這個人，在上海很多人都知道他。不過我不知道他和胡蝶有什麼關係，也沒有聽說過。"趙亮說。

高明說："我還沒說完。"

高明又說："因為今天胡蝶在家，粉絲都在大叫胡蝶的名字，在粉絲大叫的時候，我看到前面有一個車，從胡蝶家門口過去了。我跟著過去看了看。我發現車停在了胡蝶家後面，看到潘有聲和胡蝶兩個人很快進到車裡面，看起來他們不想讓別人知道他們去做什麼。我想知道他們要做什麼，就跟了過去。"

跟著 (gēnzhe) *v.* to follow

"然後呢?"趙亮說。

"然後發現了別的事情。"高明說。

"別的事情,感覺更有意思了。真的沒有聽說過他們兩個有什麼關係?"趙亮問,"但是現在來看,有可能照片和這個潘有聲也有關係。"

在法院

高明喝了一口水，又說了起來。

"我坐著<u>人力車</u>,<u>跟在</u>胡蝶和潘有聲<u>車後面</u>。他

　　　10　　　75　　　　　　　　　　　76
們的車開了有半個多小時，最後，我<u>跟著</u>他們

　　　　　　　　　　　　　　　　　　　74
到了一個地方。然後我看了看，他們到了<u>法
院</u>!"

77

"市中心的<u>法院</u>嗎?"

　　　　　77

"不是市中心的那個<u>法院</u>。他們很<u>聰明</u>，這

　　　　　　　　　　77　　　　　　20
個<u>法院</u>離市中心有一點遠，人很少。"

　77

"他們去<u>法院</u>做什麼?"

　　　　　77

"我不想讓他們知道我<u>跟在</u>他們<u>後面</u>，就讓

　　　　　　　　　　　　　　　　　　76

---

75 人力車 (rénlìchē) *n.* rickshaw

76 跟在……後面 (gēn zài... hòumian)
phrase to follow behind…

77 法院 (fǎyuàn) *n.* courthouse

人力車停在了法院的對面，他們進去了以後，我

75 41   77

也跟著走了進去。”

74

　　“你穿著這樣的衣服嗎?”趙亮說。

36   12

　　高明說：“這樣的衣服怎麼了?”

12

　　“如果胡蝶看到你有寫著她名字的衣服怎麼

12

辦?”趙亮問。

高明說：“我早就想到了，我把衣服穿在了
裡面。”

　　“好吧，他們去法院做什麼？”

　　“法院裡人很少，很安靜。在法院裡，胡蝶
和潘有聲看了看每個地方，他們應該是想知道
有沒有人跟著他們，或者發現他們。我不想被他
們發現，就在門口看著他們。然後他們兩個跟
著一個人走進了一個房間。我就走到法院的大
廳了。”

　　“他們去法院做……不問了，你說吧。”

　　“我在法院的大廳的桌子上看到了一些報紙，
然後就開始在看報紙。我一邊看一邊在想怎麼
樣才能進那個房間，那個胡蝶和潘有聲在的房
間。”

　　“然後呢？”

"這時候，一個法院的人看到了我，還說'太好了，太好了，這裡有一個人。我們需要你的幫助。'

"需要你做什麼？"趙亮問。

高明說："這個人還是說'快點，沒有時間了，時間馬上就要到了'，我還沒問，就看到自己來到了胡蝶和潘有聲在的房間。"

"胡蝶和潘有聲在做什麼？"趙亮聲音變大了。

高明看了趙亮一眼說："胡蝶和潘有聲站在那裡，他們前面還有一個人，他們都沒有笑。這時候我明白了，胡蝶和潘有聲要結婚了。"

"他們要結婚？胡蝶要和潘有聲結婚了嗎？胡蝶為什麼要和潘有聲結婚？"趙亮問。

高明看了趙亮一眼："小趙，你在想什麼？你已經結婚了。"

趙亮說：“我不……我的<u>太太</u>會很不開心。”
₁₉

高明看著趙亮問：“她為什麼會不開心？”

趙亮臉又紅了一點。他看了看高明說：“你
在<u>法院</u>穿這樣的<u>衣服</u>，他們不覺得<u>奇怪</u>嗎？”
₇₇　　　₁₂　　　　　₂₅

高明說：“<u>衣服</u>不重要，他們只是問我認識
₁₂
他們嗎？我說不認識。”

趙亮又問：“然後呢？”

高明說：“在<u>法院</u>裡<u>結婚</u>有很多事情，還
₇₇　　₅

需要寫上我的名字。聽著他們說了很多話，最後我寫上我的名字才完了。"

趙亮："你不會寫的是'高明'吧?"

高明："怎麼可能?"

趙亮："那就好。"

高明："我寫的是你的名字。"

趙亮："你……"

高明看了趙亮一眼，高明說："從法院出來以後，他們還是不想被人看到，很想快點離開。但是他們沒有一起離開，胡蝶自己坐著車回家了，潘有聲坐了人力車走了。"

"我相信他們還說了點什麼吧?"趙亮問。

高明說："是的，他們說了一些話，不過聲音很小，我聽著有"離開"這樣的話，我覺得他們很有可能要離開上海。"

---

80 離開 (líkāi) *v.* to leave

"離開上海?"趙亮今天聽到了很多，他覺得自己要好好想一想。粉絲的事情，胡蝶結婚的事情，離開上海的事情。

"如果胡蝶要離開上海，照片怎麼辦?"趙亮問。

"放心吧，我已經想好了辦法。但是現在，我餓了，想吃點東西。"高明說。

---

81 餓 (è) *adj.* hungry

Five

高明的辦法

趙亮叫了黃太太幫忙，黃太太買來了很多吃的。

"我想吃肉。"高明說。

"沒有肉。"黃太太說。

"我想吃魚。"高明說。

"沒有魚，只有面。"黃太太說。

"我想吃北京菜。"高明說。

"沒有北京菜。"黃太太也不看高明。"而且我也不會做北京菜，不過我會做山東菜，我做的山東菜很好吃。"

"那我就吃山東菜。"高明又說。

"我會做，但是今天沒有做山東菜。我還會做雲南菜、山西菜、法國菜，好多好多菜。"黃太太說。
19

"但是今天都沒有，是吧?"高明問。

"對。"黃太太說。
19

"你就吃吧，怎麼這麼多事情?"趙亮對高明說。趙亮說完，對黃太太說了一聲謝謝。
19   82

高明不說話了。黃太太走了。
19

在吃飯的時候，趙亮想了想這些事情。

"胡蝶和潘有聲結婚了，然後他們要離開上海。所以他們想在離開上海以前，拿到一些錢。對嗎?"趙亮問。
5   80   80

"你忘了馬克說的了嗎?"

"對，馬克給她錢，她不要。所以不是為了錢。"趙亮說。
83

---

82 一聲 (yī shēng) *phrase* a few words   **83** 為了 (wèile) *conj.* for the purpose of

高<u>明</u>說：“我們不知道她拿<u>照片</u>做什麼。現
₆₂
在我們只知道現在她和<u>潘有聲</u>結婚了。”
₅

“那我們要快一點拿到<u>照片</u>。如果他們<u>離開</u>
₆₂　₈₀
的話，我們再想拿到<u>照片</u>就難了。”<u>趙亮</u>說。
₆₂

“對了，怎麼拿<u>照片</u>？你有什麼辦法嗎?”趙
₆₂
亮問。

“有，但是還是<u>需要</u>你的<u>幫助</u>。你<u>敢</u>做嗎?”高
₃₀　　₃₂　　₈₄
明說。

“<u>敢</u>!”趙亮聽到這裡沒有什麼問題，他<u>一直</u>
₈₄　　　　　　　　　　　　　　　₇
很<u>相信</u>高明。
₂₉

“做什麼都可以嗎?”高明問。

“我<u>相信</u>你。”趙亮說。
₂₉

“<u>需要</u>你去打人。你<u>願意</u>嗎?”
₃₀　　　　　₄₃

“好，可以。<u>需要</u>刀嗎?”
₃₀

“不<u>需要</u>，但是這<u>件</u>事不<u>容易</u>。”
₃₀　　　　₄₅　　₃₄

---

84 敢 (gǎn) *aux.* to dare (to do…)

"只要能拿到<u>照片</u>，我可以什麼都不管，不<u>容</u>₆₂
<u>易</u>的事情我也做。"
₃₄

"知道你會幫我的。"

"說吧。"

高明笑了，大聲地說："我的辦法是讓胡蝶
給我看<u>照片</u>放在什麼地方。"
₆₂

"我不懂，怎麼辦？我們什麼時候去她家？"趙
亮看了看高明問。

高明說："明天有<u>遠東</u><u>運動會</u>，那裡會很熱
₈₅ ₇₃
鬧，胡蝶一定會去，所以明天他們不會<u>離開</u>。我
₈₀
們就明天去她家。明天<u>運動會</u>以後，她<u>差不多</u>
₇₃ ₃₃
下午五點左右能回到家。我們就四點四十五分
到她家<u>門口</u>。"
₂₂

"我要做什麼？"趙亮高興地問。

高明說："我會給你一個小<u>包</u>，你用火點<u>包</u>
₁₇ ₁₇

---

85 <u>遠東</u> (Yuǎndōng) *n.* Far East

上的線，會有很多煙出來。你看到我進了胡蝶
家，然後在窗外那裡，你一看到我的手，你就把
這個小包從窗外扔進來。"

"要點火?"趙亮說。

"怎麼? 剛才不是說做什麼都可以嗎? 你放
心，這個東西只有煙，不會有大火。怎麼做，不
用我教了吧?"高明說。

"不用你教，我只是沒有想到，要點火才能
拿照片。我可以的。"趙亮說。

"你一定要注意小窗那裡，小窗前面有綠色
的樹，到時候你會知道是哪個小窗。你要等
著在小窗那裡看到我的手，你再扔這個小包，不
要太早，也不能太晚。"高明說。

"知道了，高先生，不要小看我。"趙亮說。

---

86 線 (xiàn) *n.* string, line	89 扔 (rēng) *v.* to throw
87 煙 (yān) *n.* smoke, cigarette	90 點火 (diǎnhuǒ) *vo.* to light (a fire)
88 窗 (chuāng) *n.* window	91 注意 (zhùyì) *v.* to notice, to pay attention

"知道了。"高明說完，走進了裡面的房間，
9

再出來的時候，高明變成了一個老人。高明現

在不太高，還有白色的頭髮，而且身體有一點
92

往前。

"怎麼樣？我這個老人可以吧?"高明對趙亮

說。這時候，高明的聲音聽起來也像一個老人
了。

趙亮說："看起來就是一個老人。和你剛才
的樣子一點也不一樣。我知道了，明天你就是
這個樣子出現，對吧?"

高明說："是的，我們明天下午四點四十五，
在胡蝶家門口見。"

"好的。"趙亮說。

叔叔

馬克很開心照片可以拿到了。但是馬克的叔
叔知道了照片的事情，有一些生氣和失望。

　　"馬克，照片的事情我都知道了，你想什麼
時候告訴我?"叔叔說。

　　"叔叔，你知道了?"馬克問，他不敢看叔叔
的眼睛。

　　"你為什麼不早點告訴我? 我一點也不想管
你這樣的事情。"叔叔大聲地說。

　　"我也沒想到會這樣。"馬克說。

　　"你沒想到? 給我多大的麻煩。我告訴過你，

---

94 失望 (shīwàng) *adj.* disappointed

95 沒想到 (méi xiǎngdào) *phrase* didn't expect that…

你不能和中國人在一起，你不能找一個中國的女朋友，你不能和中國人結婚！！你的父母還想讓我對你嚴一點。我會把這件事情告訴你的父母。"

"我不是沒結婚嗎？再說，你又不是沒見過胡蝶，那麼漂亮，那麼聰明。"馬克說。

"我沒見過她！她那麼聰明，你呢？你一點也不聰明！"叔叔還是很生氣。

"你……還說我呢，你以前不是也有一個中國女朋友嗎？"馬克小聲地說。

"你，你說什麼？你再說一次！我不管了，氣死我了。"叔叔說。

他們兩個人都不說話了。叔叔看了看馬克，失望地說："你知道的，胡蝶以前的那個前男友。他在上海是大老闆，而且還是一個黑社會

---

96 嚴 (yán) *adj.* strict
97 前男友 (qián-nányǒu) *n.* ex-boyfriend
98 黑社會 (hēishèhuì) *n.* organized crime

老大。他不喜歡胡蝶和別的人在一起，而且你
還是一個美國人。這個黑社會老大會給我們帶
來很大的麻煩。你知不知道?!"

"還有，我跟你說清楚一點：因為你給我們
帶來的麻煩，有可能我們會需要離開上海，離開
這裡的生活。我的生活，我的工作也沒了。這是
你想要的嗎?!"叔叔氣死了。

"這個黑社會老大不是離開上海了嗎?"馬克
問。

叔叔說："他現在回來了！他只是聽說了胡
蝶和一個人一起吃飯跳舞，他就非常生氣。還
有，上個星期從美國到上海的一大包東西被偷
了。你想想，你不覺得奇怪嗎?"

"你的意思是……這包東西是黑社會老大偷
的嗎？叔叔，你也很屬害！這一包東西一定能

老大 (lǎodà) *n.* the boss   **100** 偷 (tōu) *v.* to steal

找到。"馬克大聲地說。

叔叔聲音也大了，生氣地說："你怎麼不明白呢？如果有這一次，就會有下一次。這個黑社會老大現在還不知道照片的事情，你快點辦好。不然被他知道了，麻煩更多。"

"放心吧，叔叔，我會拿到照片的。"馬克說。

叔叔問："你怎麼拿？"

"我已經找到人了，他是高明，他在上海很有名，我在報紙上看到過他的案子。他很聰明。"馬克說。

"我還是不放心，我再想想辦法。"叔叔氣得在房間裡走來走去。

"叔叔，你不要再找人了。在找高明以前，我也找過別的人。他沒拿到照片，我就又找了

---

101 不然 (bùrán) *conj.* otherwise

高明。"馬克看著叔叔說。
39

"你一共找了幾個人？不要讓太多人知道這
102

個事情。"叔叔也不看馬克了，很生氣。
39

"在高明以前，我就找了一個人。"馬克說，"那

個人很有意思，我找他去拿照片。然後他覺得自
62

己可以，還說一定能把照片拿過來。我很相信
62　　　　　　　　　　　29

他，但是沒想到最後他告訴了胡蝶這件事情。"
95　　　　　　　15　　　　　45

"怎麼回事？"

"這個人要去找照片，他說要看一看胡蝶
62

的電影，然後也要知道胡蝶每天在做什麼，在
48

吃什麼，去了哪些地方。一個星期以後，他知道

了很多胡蝶的事情，也知道了胡蝶家裡的事情

和工作的事情。"

"很好，這樣怎麼還沒找到照片？"
62

"因為他知道了很多胡蝶的事情，他喜歡上

---

102 一共 (yīgòng) *adv.* altogether

了胡蝶。然後他想了想，就把我讓他做的這件事情告訴胡蝶了。"

馬克又說："其實那是胡蝶故意這樣做的。她在這個人第一次到她家門口的時候就看到了這個人和別人不一樣，然後胡蝶笑著和他說了很多話，和他一起玩，請他去看新的電影……就這樣，這個人喜歡上了胡蝶。"

"你怎麼知道的?"叔叔問。

"胡蝶寫信告訴我的。胡蝶把信送到了我的辦公室。"馬克想起來這件事就有一點生氣，"胡蝶是故意這樣做的，就想讓我生氣。但是我理解胡蝶。"

"她真的是一個很聰明的女人，你一點也不聰明。"叔叔說。

馬克看了看叔叔沒說話。

---

103 故意 (gùyì) *adv.* purposely　　　**104** 理解 (lǐjiě) *v.* to comprehend

"對了，除了高明，你還可以去找那個捲髮
公司的案子的那個人，那個人不錯，應該聰明
一點。你去找他，不用想錢的問題。"叔叔說。

馬克聽到叔叔這樣說，馬上說："我找的就
是他，他就是高明。"

　　<u>叔叔</u>對<u>馬克</u>說："好，給你三天時間，夠了
39
嗎？三天時間拿不到<u>照片</u>，你知道我會做什麼。"
62
　　<u>馬克</u>笑了笑沒說話。<u>高明</u>一定要快點把<u>照片</u>
62
拿到。

著火了

第二天下午，趙亮四點四十五分來到了胡蝶的家門口。

在她家門外，還有一些粉絲在等她。

快五點的時候，胡蝶回來了，她還帶著一些東西。胡蝶正要下車的時候，聽見了一些聲音。有人在吵架。打起來了。

"不要打了！你們不要打了。你們再打，我叫警察了。"一個老人的聲音。

"誰？怎麼了？"胡蝶問開車的人。

---

105 吵架 (chǎojià) vo. to get in a fight

106 打起來 (dǎ qǐlai) vc. to start fighting

107 警察 (jǐngchá) n. police officer

"胡小姐，有兩個人打起來了。小心。"開車的人說。

"快去和他們說，讓他們不要打了。"胡蝶說。

"好的，胡小姐。"開車的人一邊走一邊大聲說："你們在做什麼？不要打了！"旁邊有很多人都在看，大家都在說話，沒有人能聽到開車人說的話。

這時候，開車的人還沒走到，一個老人過去了："不要再打了，為什麼要打呢？快點，不要再打了。"這個老人一邊說一邊走，走到他們中間，想不讓他們打了。

這兩個人不聽，還在打。他們兩個沒有看到老人，老人不小心被打到了。老人一下子倒在地上了。老人倒在地上說："啊，你們讓我

---

108 旁邊 (pángbiān) *n.* the side

倒地上[109]了，你們讓我倒地上[109]了。”

兩個人不打了，就這樣看著老人。這時候開車的人和胡蝶正好到了他們前面，看到了老人一下子被打倒在地上。

胡蝶看到老人的樣子問：“你沒事吧？受傷[110]了嗎？快來家裡坐[10]坐[10]吧，喝茶。”

“沒事，沒事。兩個人不打了就好了。我沒

109 倒地上 (dǎo dìshang) *phrase* to fall to the ground

110 受傷 (shòushāng) *v.* to be hurt

事的。"老人說。

胡蝶說，"你已經倒地上了，怎麼能沒事呢？
　　　　　　　　109
不行，不行，快跟我進來吧。"開車的人和胡蝶

一起把老人帶到了胡蝶的家裡。

"阿姨，快去拿一些水來。"胡蝶說。
　111

"謝謝，我本來想去幫助他們，沒想到讓自己
　　　　　　112　　　32　　　　95
倒在地上了。"老人一邊說一邊看。

胡蝶說："你別這麼說，你也是為了幫忙。"
　　　　　　　　　　　　　　　83　　66

老人說："我今天下午是要去看我的孩子的，
　　　　　　　　　　　　　　　　　113
路過這裡，看到有人打起來了。想幫忙變成了麻
114　　　　　　　　　106　　　　　66
煩。"
60

"沒關係，不麻煩的。"胡蝶說。
　　　　　　60

"好熱啊，是不是有一些熱？"

胡蝶聽到老人說熱，讓阿姨把窗打開了，然
　　　　　　　　　　　　111　　88
後胡蝶就去樓上了。

111　阿姨 (āyí) n. aunt
112　本來 (běnlái) adv. originally
113　孩子 (háizi) n. child
114　路過 (lùguò) v. to pass by

老人看到小窗打開了，他對著阿姨說："請
你給我一些水吧。"

　　阿姨去給他拿水了，高明看了看大廳，然後
他走到了小窗旁邊。

　　這時候，趙亮看到了打開的窗，還看到了手。
趙亮知道自己可以把有煙的小包通過窗扔進去
了。他慢慢地走到窗邊，然後看了看旁邊。旁邊
沒有人，趙亮把包扔了進去。

　　包被扔進去以後，大廳都是煙。老人看到煙，
大叫："有煙！著火了，著火了！"

　　大廳裡有幾個人，每個人看起來都很害怕著
火，又緊張又著急。大家都很亂，都想著去拿
水。有人在大叫："胡小姐，著火了，胡小姐！"

　　胡蝶也聽到了"著火"的聲音，她從樓上下

---

115 通過 (tōngguò) *adv.* by means of
116 慢慢 (mànmàn) *adv.* slowly
117 著火 (zháohuǒ) *vo.* to catch fire
118 害怕 (hàipà) *v.* to be afraid of
119 緊張 (jǐnzhāng) *adj.* nervous
120 著急 (zháojí) *adj.* anxious
121 亂 (luàn) *adj.* chaotic

來了：“怎麼著火了？快點拿水來。小心<u>大廳</u>
　　　　　　　　　　　117　　　　　　　　　　79
裡的東西。”

　　沒有人聽胡蝶的話。因為<u>大廳</u>裡都是<u>煙</u>，每
　　　　　　　　　　　　　79　　　　87
個人<u>看起來</u>都很<u>害怕</u>，大叫著走來走去，去拿
　　　56　　　　118
水，去拿<u>衣服</u>、去把<u>大廳</u>的東西往外拿……胡蝶
　　　　12　　　　79
也聽到什麼東西<u>掉</u>在了地上，她開始<u>擔</u>心了：“<u>阿</u>
　　　　　　　64　　　　　　37
<u>姨</u>，<u>阿姨</u>，你在哪裡？”
111　　111
　　<u>阿姨</u>終於聽到了胡蝶的<u>聲</u>音，走到了胡蝶
　　111　　　　　　　　16

的旁邊。
₁₀₈

胡蝶對著阿姨說："阿姨，你去看看怎麼回
₁₁₁　　₁₁₁
事？怎麼著火了？"
₁₁₇

"好的，胡小姐。有人去了，請等一下。我們
₃₈
把大廳裡面一些重要的東西都拿出去了，放心
₇₉　　　　　　　　　　　　　　　　₆₉
吧。"

胡蝶聽了阿姨說的話："對對對，一定要看
₁₁₁
好重要的東西。我的……"胡蝶沒說完，就一邊
看著一張畫一邊走了過去。
₆₁

一下子，胡蝶想到了什麼，她不走了，停
₄₁
了下來。回頭看了看老人，這時候老人也在看
著她。

胡蝶不看那張畫了，她走回來對著阿姨說
₆₁　　　　　　　　　　　　　₁₁₁
話："你再去看看怎麼著火的？"
₁₁₇

"好的，胡小姐。"阿姨走了。
₁₁₁

胡蝶看著阿姨走了，走到老人的面前說："不
₁₁₁

好意思啊，家裡發生了這樣的事情，還有這麼
<u>發生</u>
49
多<u>煙</u>，沒事吧?"
87

　老人說: "我沒事。剛才什麼也看不見，我
也不能<u>幫忙</u>，現在<u>煙</u>少了，太好了。"
66　　　　　　87

　"那就好。"<u>胡蝶</u>說，"我讓<u>阿姨</u>再幫你拿點
　　　　　　　　　　　　　　　　111
水，你再喝點水吧。"

這時候老人說：“沒事，沒事。謝謝，太麻煩了。”

老人說著話，阿姨走過來了。

“胡小姐，剛才打起來的那兩個人，不是你的粉絲，他們是來拍照片的。他們打的時候把煙掉在了樹下，然後著火了。煙進了大廳。”阿姨說。

“怎麼這麼不小心？外面的人怎麼了？為什麼沒看到？真是的。”胡蝶有一點生氣。

這時候老人說：“沒事就好，沒事就好。我要去看我的孩子了，不然時間就太晚了。”

“好，你慢走。”胡蝶說完，看著老人走了出去。

Eight

找到了

已經過了五點半了，這時候胡蝶家門口的粉絲也少了，很多人都回家了。趙亮也走了，去了高明和他常去的地方等高明。

等了一會兒，高明走過來了。這時候，高明已經換了衣服，他對趙亮說："趙亮，我們回去吧。"

高明和趙亮坐人力車回去了。在回去的路上，趙亮問高明："你知道照片在什麼地方了嗎？"

"她已經給我看了。"高明說。

趙亮問："她怎麼可能給你看？你怎麼發現的？是你找了兩個人，然後告訴他們，有一個老

人過來的時候，讓他們打起來。然後你倒在了地
上。這樣，胡蝶會讓你去她家裡，你就可以到胡
蝶的家裡面了。"

"小趙還是很聰明的。"高明看了趙亮一眼，
說："那個有煙的包，你不是扔進去了嗎？"

趙亮點了點頭。

高明又說："有煙了以後，大家覺得著火了，
大家都會又害怕又著急。我看到胡蝶下樓了，她
有一點緊張。然後她開始向一張畫前面走去。所
以她給我看了，畫後面就是照片在的地方。"

趙亮明白了："著急的時候，大家都會想到最
重要的東西，所以胡蝶在著火了以後想到了那張
照片，所以她才會走到那個畫前面。"

高明看了看趙亮說："對。"

"那個小包呢？小包在哪裡？如果被胡蝶知
道了有小包，她會知道是有人想得到照片。"

趙亮說。

　　"放心吧，我在他們都想著拿水的時候，把
　69
有煙的小包扔給了前面打起來的那兩個人，然
　87　　　17 89　　　　　　106
後在外面用煙點了火。"高明說。
　　　　　87

　　"那就好。"趙亮說。趙亮再一次覺得高明

很聰明，什麼都想到了。
　20

　　這時候，天有一點黑了，但是天氣很好，

有一點風，沒下雨。他們很高興，讓人力車停
在了路邊，他們想走回家。

"馬克一直想拿到照片，只有你能拿到這張
照片，太好了。"趙亮說。

"要告訴馬克一聲，讓他明天來拿照片。"高
明說。

"我一直覺得，在電影中，在報紙上，胡小姐
很漂亮，也很聰明。但是她還是比不上高先生
你。"趙亮說。

高明笑了，然後說："小趙，她已經做得很
好了，照片被她放得很好。但是女人就是女人。"

趙亮說："你也不用這樣說吧……"

趙亮的話還沒有說完，這時候，一個年輕
人從他們身邊走過，對著高明說："晚上好，高
先生。"

---

122 比不上 (bǐ bushàng) *vc.* to be unable to
compete with

高明沒有看到這個人的臉，但是感覺聲音₁₆在哪裡聽過。可是他想不起來是誰。

趙亮看到有人和高明說話，趙亮說：“你也有粉絲了！以後有可能也和胡蝶一樣，有很多粉絲。”

高明沒有說話。他們兩個回家了。

Nine

拿照片

早上，趙亮來找高明了。趙亮在樓下看到了黃太太。₁₉

趙亮對黃太太說：₁₉ "黃太太，₁₉ 早上好！"

"小趙，早！今天來這麼早。我剛起床……" 黃太太笑了。₁₉

"有一點事情。"趙亮說。

"知道你們最近有案子。"黃太太說。₁₃ ₃ ₁₉

黃太太又說：₁₉ "小趙，你聽說了吧，那個胡蝶結婚了，₅ 沒想到，₉₅ 她結婚了，₅ 我想她會找一個有錢人，但是她和那個潘有聲結婚了。潘有₅聲知道吧，沒有很多錢的，聽說他們要離開上海了……"

"你怎麼知道的？你怎麼知道胡蝶要離開上
海？"趙亮覺得有一點奇怪，因為胡蝶結婚的事
情他是昨天才知道的。

黃太太給趙亮看了今天的報紙。然後黃太太
說："你看吧，這是今天的報紙，我去吃早飯
了。"說完，黃太太走了。

"好的，黃太太。"趙亮說。然後趙亮一邊看報
紙，一邊說："真奇怪？這家報紙是怎麼知道的？
是胡蝶告訴他們的嗎？"

"不奇怪，胡蝶有那麼多粉絲，她結婚的事
情早晚會被發現的。"高明走過來說。

"那我們要快一點了。"趙亮說。

"是的。我們現在就去。"高明說。

他們剛走到門口，這時候看到了馬克，馬克

---

123 早晚 (zǎowǎn) *adv.* sooner or later

來了。馬克大聲地問高明："你們去哪裡？你拿到照片了嗎?"
62

"去胡蝶家，照片還沒有拿到。"高明說。
62

"能拿到嗎?"

"當然能。"

"真的嗎?"

"你不相信我?"
29

"我相信你，但是胡蝶也很聰明。"
29   20

"她是聰明，但是我比她更聰明。"高明說。
20   20

這時候，馬克看到了趙亮拿著的報紙。
28

"她結婚了？真的嗎？她結婚了？我一點也
5   5
不知道。潘有聲？不可能!"馬克對著趙亮和高明說。

"你現在知道了。"趙亮說。

"潘有聲?"馬克又說了一次,"她不可能愛他。"

"怎麼不可能?如果胡蝶愛上他,你就沒有那麼多問題了,安全了。"高明說。
<u>124</u>

馬克聽了以後說:"如果胡蝶是美國人就好了,這樣我可以和她結婚,但是現在……"
<u>5</u>

馬克非常難過,還非常失望。但是馬克不說話了。
<u>57</u> <u>94</u>

高明看了看馬克說:"我已經知道了照片在哪裡,我有辦法能拿到照片。馬克,你要不要一起去?我叫個車。"
<u>62</u> <u>62</u>

"不用了,我的車在外面。"馬克還是有點不高興。

"那走吧。"高明說。

在去胡蝶家的路上,趙亮問:"如果現在

---

124 安全 (ānquán) *adj.* safe

報紙上說胡蝶結婚了，他們會不會今天就已
  28   5
經離開上海了？"
  80

　"她如果今天早上看到報紙，今天早上離
                              28
開，時間太短了。如果她想離開，最快也是下午
 80   80
走。所以現在我們還有時間。"

　他們到胡蝶家了。

　沒想到，這次胡蝶家門口沒有粉絲了，家裡
  95   22   70
的阿姨在門口等他們。
 111   22 38

Ten

胡蝶的信

"你就是高明?"阿姨說。
111

"對,我是。"高明說。

"你真的來了。胡小姐說你一定會來的,她讓我告訴你,她已經離開上海了。"阿姨說。
　　　　　15　　　　　　　　　80　　　　　　　111

高明說:"她怎麼知道我會來的?她又不認識我。"

阿姨看了看他們說:"高先生,胡小姐去四
111
川拍電影了,她不會再回上海了。"
63　48

"照片呢?照片怎麼辦?"馬克失望地說。
62　　　62　　　　　　　94

"請進來吧,胡小姐還給高先生留了東西。"
　　　　　　　　　　　　　　　125
阿姨冷冰冰地說。
111　52

125 留 (liú) v. to leave (behind)

他們進去了，胡蝶的家裡什麼都沒有了。

"天啊，什麼都沒有了，胡蝶一定也把照片
62
拿走了。沒有機會了。胡蝶留下了什麼?!"馬
125
克小聲地說，聽起來馬克要哭了。
72

高明很清楚放照片的地方，高明走過去發現
62
那張畫已經沒有了，什麼都沒有了。這時候，阿
61
姨跟高明說東西在大廳。他們拿到東西以後，看
111 79
到是照片和信。不過不是馬克想要的照片，這張
62 24 6 62 61

照片上面只有胡蝶一個人。

　　高明看了看這信，高明覺得這次真的拿不到照片了，對著信說："這個女人……"

　　趙亮還是第一次聽到高明這樣說，對他說："先看信吧。"

> 高先生，你好！
>
> 你真的做得很好。我的事情你都知道了。那天著火的時候，我看到的那個老人是你，對嗎？你太聰明了，我差不多完全相信了。幾個月以前，有人說讓我小心你，但是我不相信你有這麼大的能力。但是現在我相信了，因為我沒想到，進我家的老人是你，你還發現了我的照片在哪裡。

---

126 完全 (wánquán) *adv.* completely

但是高先生，我是一個演員，我知道要
怎麼樣演。我知道那個老人就是你。在
你從我家離開以後，我先讓開車的人跟
著你，然後我穿了男人的衣服以後，跟
著你到了你家門口。那天在你快到家的
時候，有一個年輕人對你說了'晚上好，
高先生。'沒錯，那個人就是我。

我和潘有聲說我們要離開，因為如果我
們不離開，你一定會找到照片。現在你
看信的時候，我們已經在去四川的路
上了。那張照片，讓那個人放心。我愛
上了潘有聲，我只想和他在一起，離開
上海，好好生活。所以我拿著那張照片
是為了潘有聲和我。只要他不來找我，
我就不會給那個人麻煩，那個人現在不

用擔心了，他可以做他想做的事情。

再見，高先生。

胡蝶

高明看完把信給馬克了,馬克看完以後說:"胡
蝶! 太聰明了! "

高明看著照片，沒有說話。

"好了，我覺得現在不會有事了。但是高
明，還是要謝謝你。"馬克說。

"太好了。不過我覺得還沒有做完吧?"趙亮
看著馬克說，"我們這兩天好忙，做了好多事情
……"

馬克明白了，對他們說:"再次謝謝你們。"
他一邊說一邊從衣服裡面拿出來了錢。

高明看著馬克說:"我沒有拿到照片，我不
會要你的錢，不過你可以給我一樣東西。"

---

127 再次 (zàicì) *adv.* once again

"什麼?"馬克說。

"這張照片。"高明說。
<u>61</u> <u>62</u>

馬克同意了,把它交給了高明,再次謝了高
<u>53</u> <u>127</u>

明。高明一直看著這張照片,沒有說話。
<u>7</u> <u>61</u> <u>62</u>

趙亮看了看馬克,又看了看高明。趙亮笑著

說:"胡蝶現在是不是又多了一個粉絲?"
<u>70</u>

高明沒有說話。

Key Words 關鍵詞 (Guānjiàncí)

1. 捲髮 juǎnfà *n.* curly hair
2. 公司 gōngsī *n.* company
3. 案子 ànzi *n.* case
4. 突然 tūrán *adv.* suddenly
5. 結婚 jiéhūn *vo.* to get married
6. 不過 bùguò *conj.* but
7. 一直 yīzhí *adv.* all along
8. 老樣子 lǎoyàngzi *phrase* same as always
9. 房間 fángjiān *n.* room
10. 坐 zuò *v.* to sit
11. 胖 pàng *adj.* fat
12. 衣服 yīfu *n.* clothing
13. 最近 zuìjìn *adv.* recently
14. 看……一眼 kàn... yī yǎn *phrase* to glance at…
15. 告訴 gàosu *v.* to tell
16. 聲音 shēngyīn *n.* sound, voice
17. 包 bāo *n.* bag
18. 改變 gǎibiàn *v.* to change
19. 太太 tàitai *n.* wife (of)
20. 聰明 cōngming *adj.* smart
21. 更不用說 gèng bùyòng shuō *phrase* not to mention
22. 門口 ménkǒu *n.* doorway
23. 房東 fángdōng *n.* landlord
24. 信 xìn *n.* letter
25. 奇怪 qíguài *adj.* strange
26. 瘦 shòu *adj.* thin

27. 挺 tǐng *adv.* quite
28. 報紙 bàozhǐ *n.* newspaper
29. 相信 xiāngxìn *v.* to believe
30. 需要 xūyào *v.* to need
31. 希望 xīwàng *v., n.* to hope; hope
32. 幫助 bāngzhù *v., n.* to help; help
33. 差不多 chàbuduō *phrase* almost, about
34. 容易 róngyì *adj.* easy
35. 紙 zhǐ *n.* paper
36. 穿著 chuānzhe *v.* wearing
37. 開始 kāishǐ *v.* to start
38. 等 děng *v.* to wait
39. 叔叔 shūshu *n.* uncle
40. 年輕 niánqīng *adj.* youthful
41. 停 tíng *v.* to stop
42. 除了 chúle *cov.* except for; besides
43. 願意 yuànyi *aux.* to be willing (to do⋯)
44. 決定 juédìng *v., n.* to decide; a decision
45. 件 jiàn *mw.* [for cases]
46. 故事 gùshi *n.* story
47. 重點 zhòngdiǎn *n.* the point
48. 電影 diànyǐng *n.* movie
49. 發生 fāshēng *v.* to happen
50. 很火 hěn huǒ *adj.* very popular
51. 演員 yǎnyuán *n.* actor, actress
52. 冷冰冰 lěngbīngbīng *adj.* cold and distant
53. 同意 tóngyì *v.* to agree (to)
54. 後來 hòulái *n.* afterward
55. 跳舞 tiàowǔ *vo.* to dance
56. 看起來 kàn qǐlai *vc.* to look like
57. 難過 nánguò *adj.* upset
58. 安靜 ānjìng *adj.* quiet
59. 分手 fēnshǒu *vo.* to break up
60. 麻煩 máfan *n., adj.* hassle, troublesome
61. 張 zhāng *mw.* [for flat things]
62. 照片 zhàopiàn *n.* photograph

63. 拍 pāi *v.* to take (a photo)
64. 掉 diào *v.* to fall
65. 試 shì *v.* to try
66. 幫忙 bāngmáng *vo.* to do a favor
67. 想起來 xiǎng qǐlai *vc.* to recall
68. 小看 xiǎokàn *v.* to underestimate
69. 放心 fàngxīn *vo.* to relax
70. 粉絲 fěnsī *n.* a fan
71. 看出來 kànchūlai *vc.* to be able to tell (by looking)
72. 聽起來 tīng qǐlai *vc.* to sound like
73. 運動會 yùndònghuì *n.* sports meet
74. 跟著 gēnzhe *v.* to follow
75. 人力車 rénlìchē *n.* rickshaw
76. 跟在……後面 gēn zài... hòumian *phrase* to follow behind…
77. 法院 fǎyuàn *n.* courthouse
78. 或者 huòzhě *conj., adv.* or
79. 大廳 dàtīng *n.* lobby
80. 離開 líkāi *v.* to leave
81. 餓 è *adj.* hungry
82. 一聲 yī shēng *phrase* a few words
83. 為了 wèile *conj.* for the purpose of
84. 敢 gǎn *aux.* to dare (to do…)
85. 遠東 Yuǎndōng *n.* Far East
86. 線 xiàn *n.* string, line
87. 煙 yān *n.* smoke, cigarette
88. 窗 chuāng *n.* window
89. 扔 rēng *v.* to throw
90. 點火 diǎnhuǒ *vo.* to light (a fire)
91. 注意 zhùyì *v.* to notice, to pay attention
92. 頭髮 tóufa *n.* hair
93. 出現 chūxiàn *v.* to appear
94. 失望 shīwàng *adj.* disappointed
95. 沒想到 méi xiǎngdào *phrase* didn't expect that…
96. 嚴 yán *adj.* strict
97. 前男友 qián-nányǒu *n.* ex-boyfriend
98. 黑社會 hēishèhuì *n.* organized crime

99. 老大 lǎodà *n.* the boss

100. 偷 tōu *v.* to steal

101. 不然 bùrán *conj.* otherwise

102. 一共 yīgòng *adv.* altogether

103. 故意 gùyì *adv.* purposely

104. 理解 lǐjiě *v.* to comprehend

105. 吵架 chǎojià *vo.* to get in a fight

106. 打起來 dǎ qǐlai *vc.* to start fighting

107. 警察 jǐngchá *n.* police officer

108. 旁邊 pángbiān *n.* the side

109. 倒地上 dǎo dìshang *phrase* to fall to the ground

110. 受傷 shòushāng *v.* to be hurt

111. 阿姨 āyí *n.* aunt

112. 本來 běnlái *adv.* originally

113. 孩子 háizi *n.* child

114. 路過 lùguò *v.* to pass by

115. 通過 tōngguò *adv.* by means of

116. 慢慢 mànmàn *adv.* slowly

117. 著火 zháohuǒ *vo.* to catch fire

118. 害怕 hàipà *v.* to be afraid of

119. 緊張 jǐnzhāng *adj.* nervous

120. 著急 zháojí *adj.* anxious

121. 亂 luàn *adj.* chaotic

122. 比不上 bǐ bushàng *vc.* to be unable to compete with

123. 早晚 zǎowǎn *adv.* sooner or later

124. 安全 ānquán *adj.* safe

125. 留 liú *v.* to leave (behind)

126. 完全 wánquán *adv.* completely

127. 再次 zàicì *adv.* once again

Part of Speech Key

adj.	Adjective	*prep.*	Preposition
adv.	Adverb	*pr.*	Pronoun
aux.	Auxiliary Verb	*pn.*	Proper noun
conj.	Conjunction	*tn.*	Time Noun
cov.	Coverb	*v.*	Verb
mw.	Measure word	*vc.*	Verb plus complement
n.	Noun	*vo.*	Verb plus object
on.	Onomatopoeia		
part.	Particle		

Grammar Points

For learners new to reading Chinese, an understanding of grammar points can be extremely helpful for learners and teachers. The following is a list of the most challenging grammar points used in this graded reader.

These grammar points correspond to the Common European Framework of Reference for Languages (CEFR) level A2 or above. The full list with explanations and examples of each grammar point can be found on the Chinese Grammar Wiki, the definitive source of information on Chinese grammar online.

ENGLISH	CHINESE
CHAPTER 1	
Expressing "all along" with "yizhi"	Subj. + 一直 + Predicate
Result complements "-dao" and "-jian"	Verb + 到 / 見
Aspect particle "zhe"	Verb + 著
Direction complement	Verb (+ Direction) + 來 / 去
Adjectives with "name" and "zheme"	那麼 / 這麼 + Adj.
Expressing duration of inaction	Duration + 沒 + Verb + 了
Using "bei" sentences	Subj. + 被 + Doer + Verb Phrase
Causative verbs	Subj. + 讓 / 叫 / 請 / 使 + Person + Predicate
Using "de" (modal particle)	……的
Expressing "much more" in comparisons	Noun 1 + 比 + Noun 2 + Adj. + 多了
Expressing "quite" with "ting"	挺 + Adj. + 的

Expressing "let alone" with "geng buyong shuo"	……，更不用說……
Verbs preceded by "gei"	Subj. + 給 + Target + Verb + Obj.
Expressing "all at once" with "yixiazi"	Subj. + 一下子 + Verb + 了
Expressing "again" in the past with "you"	又 + Verb + 了
Using "lai" as a dummy verb	(讓 +) Subj. + 來
Continuation with "hai"	Subj. + 還 + Verb Phrase / Adj.
A softer "but" with "buguo"	……，不過……
The "shi... de" construction for emphasizing details	是……的
Comparing "youdian" and "yidian"	有點 vs. 一點

CHAPTER 2

Expressing "then…" with "name"	那麼……
Expressing "except" and "in addition" with "chule…yiwai"	除了……(+ 以外)，Subj. + 都 / 也 / 還……
Sequencing with "xian" and "zai"	先……，再……
Direction complement "-qilai"	Verb / Adj.+ 起來
Using "lai" and "qu" when "verbing around"	Verb + 來 + Verb + 去
Simple rhetorical questions	不是……嗎?
Expressing "if" with "ruguo... dehua"	如果……(的話)，(就) ……
Expressing "only if" with "zhiyou"	只有……，才……
Comparing "gen" and "dui"	跟 vs 對
Comparing "cai" and "jiu"	才 vs 就
Sequencing past events with "houlai"	……，後來……
Expressing "more and more" with "yuelaiyue"	Subj. + 越來越 + Adj. + 了
Using "ba" sentences	Subj. + 把 + Obj.+ Verb Phrase
Comparing "yihou" "ranhou" "houlai"	以後 vs. 然後 vs. 後來
Appearance with "kanqilai"	看起來……
Expressing "not at all" with "yidianr ye bu"	Subj. + 一點 + 也 / 都 + 不 + Adj.

Separable verb	Verb-Obj.
Expressing "unless" with "chufei"	除非……，才……

CHAPTER 7

Expressing actions in progress (full form)	正在 + Verb + 著 + 呢
Expressing "some" with question words	在哪兒 / 誰 / 什麼 / 什麼時候
Expressing "originally" with "benlai"	本來……
Expressing "finally" with "zhongyu"	Subj. + 終於 + Predicate + 了

CHAPTER 8

Indicating a number in excess	Number + 多
Verbs followed by "gei"	Subj. + Verb + 給 + Recipient + Obj.

CHAPTER 9

Comparing "gang" and "gangcai"	剛 vs. 剛才
Conceding a point with "shi"	Adj. + 是 + Adj.，但是……

CHAPTER 10

Expressing "if…then…" with "yaoshi"	要是……，就……

Credits

Original Author : Sir Arthur Conan Doyle
Editor-in-Chief : John Pasden
Adapted by : Ma Lihua
Content Editor : Ma Lihua
Proofreader : Li Jiong
Project Manager : Song Shen
Illustrator : Hu Sheng
Producer : Jared Turner

Acknowledgments

We are grateful to Ma Lihua, Li Jiong, Hu Sheng, Song Shen, and the entire team at AllSet Learning for working on this project and contributing the perfect mix of talent to produce this story.

Thank you to our enthusiastic and detail-oriented test readers Caitlin Larkin, Song Kunjie, Luis Conejo, and Rob Villanueva.

We'd also like to thank Megan Ammirati who lent her expertise in early Chinese cinema to suggest a fascinating real-life Chinese actress to integrate into this story. Only with her help were we able to make this fictional story as realistic and true to Chinese history as possible.

About Mandarin Companion

Mandarin Companion was started by Jared Turner and John Pasden, who met one fateful day on a bus in Shanghai when the only remaining seats forced them to sit next to each other.

John majored in Japanese in college in the US and later learned Mandarin before moving to China, where he was admitted into an all-Chinese masters program in applied linguistics at East China Normal University in Shanghai. John lives in Shanghai with his wife and children. John is the editor-in-chief at Mandarin Companion and ensures each story is written at the appropriate level.

Jared decided to move to China with his young family in search of career opportunities, despite having no Chinese language skills. When he learned about Extensive Reading and started using graded readers, his language skills exploded. In 3 months, he had read 10 graded readers and quickly became conversational in Chinese. Jared lives in the US with his wife and children. Jared runs the business operations and focuses on bringing stories to life.

John and Jared work with Chinese learners and teachers all over the world. They host a podcast, You Can Learn Chinese, where they discuss the struggles and joys of learning to speak the language. They are active on social media, where they share memes and stories about learning Chinese.

You can connect with them through the website
www.mandarincompanion.com

Other Stories from Mandarin Companion

Breakthrough Readers: 150 Characters

The Misadventures of Zhou Haisheng
《周海生》
by John Pasden, Jared Turner

My Teacher Is a Martian
《我的老師是火星人》
by John Pasden, Jared Turner

Xiao Ming, Boy Sherlock
《小明》
by John Pasden, Jared Turner

In Search of Hua Ma
《花馬》
by John Pasden, Jared Turner

Just Friends?
《我們是朋友嗎?》
by John Pasden, Jared Turner

Level 1 Readers: 300 Characters

The Secret Garden
《秘密花園》
by Frances Hodgson Burnett

The Sixty Year Dream
《六十年的夢》
by Washington Irving

The Monkey's Paw
《猴爪》
by W. W. Jacobs

The Country of the Blind
《盲人國》
by H. G. Wells

Sherlock Holmes and the Case of the Curly-Haired Company
《捲髮公司的案子》
by Sir Arthur Conan Doyle

The Prince and the Pauper
《王子和窮孩子》
by Mark Twain

Emma
《安末》
by Jane Austen

The Ransom of Red Chief
《紅猴的價格》
by O. Henry

Level 2 Readers: 450 Characters

Great Expectations: Part 1
《美好的前途（上）》
by Charles Dickens

Great Expectations: Part 2
《美好的前途（下）》
by Charles Dickens

Journey to the Center of the Earth
《地心遊記》
by Jules Verne

Jekyll and Hyde
《江可和黑德》
by Robert Louis Stevenson

**Mandarin companion is producing
a growing library of graded readers
for Chinese language learners.**

Visit our website for the newest books available:
WWW.MANDARINCOMPANION.COM

Lightning Source UK Ltd.
Milton Keynes UK
UKHW021820160223
417086UK00011B/85